CHARISME

Comment devenir un communicateur magnétique, faire exploser votre leadership et conquérir les types les plus difficiles même si vous êtes le plus introverti de tous

De

Michel Delacroix

Sommaire:

INTRODUCTION

Si je vous demandais "Quelle est la plus grande compétence dont une personne a besoin pour réussir?" que me répondriez-vous?

Quel est l'ingrédient fondamental qui distingue les personnes qui réussissent de celles qui, malgré leurs efforts, ne tirent pas grand-chose de la vie ?

Je parle de réussite dans tous les domaines de notre vie, tant au travail qu'en entreprise, tant dans les rapports personnelles que dans les relations...

Pensez-vous que ceux qui ont réussi l'ont atteint grâce à leur éducation ou leur formation?

L'ont-ils obtenu grâce aux outils dont ils sont propriétaires, au type d'emploi ou peut-être au nombre de contacts, au contexte ou peut-être ont-ils simplement eu de la chance?

Pensez-y, beaucoup de gens ont les mêmes éléments communs mais certains réussissent et d'autres non.

Donc, comme vous pouvez l'imaginer, le fruit du succès ne vient d'aucun des éléments que je viens d'énumérer...

Parce que la vérité est qu'il existe une seule compétence qui sous-tend tout. On pourrait l'appeler la "racine du succès"...

Et il est représenté par la capacité d'augmenter notre influence et notre impact sur les autres...

En un mot?

Le **CHARISME**.

QU'EST-CE QUE C'EST LE CHARISME?

Depuis de nombreuses années, la science explique clairement comment tout cela fonctionne.

Il y a de nombreuses années, on croyait que l'argument essentiel du succès était d'avoir un quotient intellectif élevé (QI), mais au fil du temps, on a remarqué que le fait d'avoir un niveau élevé de cet indicateur n'avait aucun rapport avec le succès des gens.

Je suis sûr que vous avez également observé cette réalité...

Pensez à quand vous alliez à l'école...

Vous y pensez?

Ici, pensez à qui étaient les meilleurs de la classe, les plus intelligents.

Maintenant je vous demande: ces gens vivent-ils une vie réussie aujourd'hui?

Eh bien, ce n'est probablement pas le cas.

Au contraire, vous rencontrerez sûrement des gens qui ont réussi et qui n'étaient certainement pas des génies à l'école.

Alors maintenant, plutôt que de parler de QI, nous devrions commencer à parler de **QUOTIENT CHARISME**.

Le charisme est en fait un groupe de 4 compétences que nous pouvons tous apprendre, développer et maîtriser. Ceux-ci sont:

- Compétences personnelles
- Compétences sociales
- Compétences en communication
- Accroître l'influence et la persuasion

Investir aujourd'hui pour améliorer notre charisme est l'un des choix les plus importants que nous pouvons faire pour réussir.

Il est indispensable dans le monde des affaires, dans les négociations, tant au travail que dans la vie privée, dans le leadership, dans les relations personnelles et sentimentales, il nous aide à communiquer avec plus d'impact et est la clé pour augmenter notre influence.

Pourquoi y a-t-il des gens qui laissent leur marque même s'ils n'ouvrent pas la bouche et d'autres qui passent complètement inaperçus?

Vous aurez sûrement rencontré quelqu'un qui a retenu votre attention même si vous n'en avez même pas entendu parler.

Et peut-être vous vous êtes demandé "Qui sait qui c'est!"

Qu'est-ce qui rend ces gens inoubliables?

Comment se fait-il qu'ils soient **différents** des autres?

Et vous, vous vous êtes déjà demandé ce que les gens pensent de vous quand ils vous voient? Passez-vous complètement inaperçu ou laissez-vous votre marque?

Pensez à quand vous avez parlé pour la dernière fois à quelqu'un... Qu'est-ce que vous avez envoyé?

Avez-vous donné confiance?

Avez-vous transmis la sécurité en vous-même?

Ou le contraire...

Ou pire, vous n'avez aucune idée parce que vous n'avez jamais prêté attention à tout cela.

Voulez-vous élever la barre de votre quotient charismatique?

Mais qu'est-ce que le charisme exactement?

Le charisme est cette capacité à inspirer l'enthousiasme chez les gens et à susciter l'intérêt par son influence.

Les personnes charismatiques ont trois caractéristiques communes: elles sont plus influentes, plus persuasives et inspirent confiance.

Les gens sont attirés magnétiquement par eux et sont prêts à les suivre dans leurs projets, leurs idées et à acheter leurs produits ou services.

Le charisme amène les gens à vous apprécier, à vous faire confiance et à vous reconnaître en tant que leader.

Grâce à mon travail, j'entre en contact chaque jour avec de nombreuses personnes différentes et je peux dire avec une grande certitude qu'aujourd'hui tout le monde, de la femme au foyer à l'entrepreneur, du travailleur au manager, tout le monde veut être plus charismatique et avoir une influence positive sur les autres.

La question intéressante est: "Peut-on apprendre le charisme?"

Et ça c'est la bonne nouvelle! Heureusement, la psychologie a aujourd'hui toutes les clés pour expliquer et enseigner le charisme. Le charisme est une compétence sociale et, en tant que tel, peut être appris.

Cela n'a rien à voir avec notre personnalité, avec le style, avec le titre professionnel ni avec la beauté ou le statut économique. Ou si vous êtes sortant ou timide.

Ce n'est pas un cadeau magique ou inné.

Vous vous êtes déjà senti complètement à l'aise et en contrôle d'une situation? Ou vous avez vécu un moment où tout le monde vous a semblé kidnappé, ne serait-ce que pour un instant?

À ce moment-là, vous avez mis en place, peut-être complètement inconsciemment, une série de comportements qui vous ont amené à élever votre charisme.

Malheureusement, cependant, lorsque ces épisodes se produisent, nous pensons seulement que ce sont des moments de chance occasionnels que nous ne pouvons même pas expliquer. Nous lions rarement ces épisodes à notre propre manifestation de charisme.

Et c'est vraiment dommage car à ce moment-là, vous étiez sur la bonne voie pour reconnaître les comportements verbaux, non verbaux et d'attitude qui vous avaient mis sur la bonne voie du charisme.

C'est pourquoi nous finissons par croire toute une série de faux mythes sur le charisme.

Certains pensent que le charisme est un don inné. D'autres qui y sont nés, ou vous ne pouvez rien y faire. Ou que les introvertis ne peuvent pas être du charisme. Ou que pour être charismatiques, il faut être brillants.

En revanche, le charisme est très, très loin de ces stéréotypes.

Ce sujet, entouré d'une aura d'un mystère incroyable, s'est retrouvé sous la loupe de la sociologie, de la psychologie, des sciences du comportement et a été étudié de toutes les manières possibles.

Ces études ont examiné les présidents, les chefs militaires, les étudiants, les gestionnaires et les PDG.

Et la conclusion de ces recherches est que le charisme n'est rien d'autre qu'un ensemble de comportements, un ensemble de compétences relationnelles, des compétences émotionnelles et des comportements non verbaux précis, c'est-à-dire le langage corporel.

Si vous y réfléchissez, les implications de ces études sont incroyables. Ils nous disent que n'importe, connaissant ces comportements et mettant en œuvre ces actions consciemment, peut augmenter son niveau de charisme.

Ces études nous disent que notre niveau de charisme est fluctuant, et que sa présence ou son absence dépend de notre choix d'exposer ou non ces comportements.

Il y a 3 clés de base que vous devez connaître. Imaginez-les comme un tableau de bord avec trois leviers que vous pouvez déplacer à votre guise.

Ces trois touches sont: **le Pouvoir, la Chaleur et la Présence.**

Lorsqu'elles sont activées ensemble, elles génèrent la plus puissante des équations d'impact et d'influence: le CHARISME. Ils représentent son architecture structurelle et une fois appris, il vous sera facile de faire attention à les améliorer.

MYTHES SUR LE CHARISME

L'une des questions que l'on me pose le plus souvent lors de mes séminaires sur le charisme (souvent même avant le début du séminaire lui-même) est ...

"Mais tu es sûr que je peux aussi être un leader?"

Ici, c'est la plus grande insécurité qui imprègne les gens car dans notre société s'est développée une série de mythes qui sont très difficiles à combattre mais que j'essaierai aujourd'hui de dissiper.

1. LE CHARISME EST EXERCÉE H24

Un lieu commun très répandu au sujet du charisme est que les gens du charisme sont pour la durée de leur journée.

Mettons une chose au clair...

Les personnes charismatiques ne pratiquent pas cette compétence 24h/24!

Pensez par exemple à un acteur célèbre: c'est une chose de le voir en jouant un rôle dans un film, une autre est de le voir dans sa vie privée.

Cela se produit très souvent sur Facebook lorsque vous voyez un acteur dans des attitudes quotidiennes et que vous êtes un peu étranglé en le voyant tellement "normal" au point d'être tenté de penser "Mais il n'est pas si cool que j'imaginais qu'il était ..."

Cela est simplement dû au fait qu'à ce moment-là, cet acteur ne met pas en œuvre des attitudes charismatiques.

Notre charisme est fluctuant, c'est nous qui décidons de l'augmenter ou de le diminuer.

2. UNAE PERSONNE CHARISMATIQUE EST UNE PERSONNE CHARMANTE

Je le répète encore une fois... Il n'est pas nécessaire d'être charmant pour être charismatique! Le charisme n'a rien à voir avec le charme!
Imaginez Winston Churchill ...

Un homme affaissé, toujours enveloppé d'une odeur de fumée de cigare, qui buvait toute la journée, avec une haleine qui sentait de cognac...

Il n'était certainement pas une icône de la beauté mais nous ne pouvons certainement pas dire qu'il n'était pas l'un des personnages les plus charismatiques de l'histoire!

Pensez à Mère Teresa de Calcutta ou Ghandi, ils avaient très peu à voir avec la beauté, mais ils étaient extrêmement influents et passionnants!

Alors, répétons-le, la beauté n'a absolument rien à voir avec le charisme.

3. POUR ÊTRE CHARISMATIQUES IL FAUT ÊTRE INTELLIGENTS

FAUX!

Pour être charismatique, il faut être exactement le contrairc...

Oui, c'est bien cela...

Pour être charismatique, vous n'avez pas besoin d'être brillant parce que vous ne devez pas impressionner les autres, mais les autres doivent vous impressionner.

C'est à ce moment que les gens vous aimeront!

Parce qu'être exubérant, comme je vous l'expliquerai dans les prochains chapitres, n'est PAS un trait charismatique, au contraire, un caractère calme avec lequel les gens se sentent à l'aise est le caractère le plus charismatique qui existe!

Les gens doivent se sentir accueillis, écoutés et importants et précisément parce que vous leur ferez ressentir ainsi qu'ils vous attribueront du charisme.

4. LE CHARISMATIQUE DOIT ÊTRE EXTRAVERTI

Non, le charismatique ne doit pas être extraverti.

Disons qu'il existe un défaut sous-jacent pour lequel l'introversion est souvent associée à la timidité.

Eh bien, ce n'est pas ça.

L'introversion n'a absolument rien à voir avec la timidité.

Maintenant, pourquoi vous vous demandez si vous êtes timide ou introverti?
Vous devez être très prudent pour répondre à cette question car la timidité est une peur du jugement social tandis que l'introversion est une toute autre affaire.

Autre chose très intéressante à considérer est qu'entre un tiers et la moitié de la population mondiale est introvertie.

Cela signifie qu'une personne sur deux ou trois de vos connaissances est introvertie.

Si vous êtes à la maison et vivez avec deux autres personnes, regardez-vous et examinez-vous car il y aura sûrement au moins un introverti fort parmi vous trois!

Être introverti est simplement un trait de personnalité caractérisé par l'attention au monde intérieur plutôt que par des stimuli externes.

Les extravertis, en revanche, ont désespérément besoin de stimuli externes pour se sentir vivants.

Au contraire, les introvertis se sentent plus actifs et dynamiques lorsqu'ils sont dans des contextes calmes et informels et aiment être seuls.

Je vais te dire un secret...

Être seul est un élément très important parce que la créativité (autre élément fondamental) est plus prolifique lorsque vous vous tailler des moments pour être seul.

C'est précisément pour cette raison qu'il a été démontré que les introvertis sont beaucoup plus créatifs que les extravertis qui, au contraire, ne peuvent pas être seuls car ils doivent toujours être parmi les gens.

Le pouvoir des introvertis réside dans le fait de se sentir à l'aise lorsqu'ils sont seuls sans ressentir de solitude.

Mais ce que je veux dire dans ce discours, c'est que nous ne sommes ni totalement introvertis ni totalement extravertis.

Oui, vous aussi qui lisez ce livre et vous sentez super extraverti, sachez que ce n'est pas le cas car l'échelle introversion/extroversion est flottante; il y a des moments où vous vous sentez extraverti et d'autres où vous vous sentez introverti.

Vous comprenez comment cela n'a rien à voir avec la timidité.

Le fait est que ces dernières années, trop d'importance a été accordée à "l'homme d'action" par rapport à "l'homme contemplatif" et en fait le stéréotype de l'homme moderne est celui dirigé par le leadership et très extraverti.

Cette chose est FAUX, mettez-la sur votre tête.

Exemple.

Je suis formateur, je le fais par profession et j'aime à la fois faire formation sur les autres et sur moi. Le résultat est qu'au moins deux ou trois fois par an, je fais moi-même des cours de formation en tant qu'étudiant parce que j'ai besoin d'apprendre et d'ouvrir mon esprit.

Et peu importe si ce sont des sujets que j'ai déjà entendus, j'y vais parce que je sais que je pourrais m'ouvrir à de nouveaux horizons, j'aime être parmi tant de gens qui pensent comme moi et qui ont les mêmes objectifs que moi, j'aime échanger des opinions avec eux, comprendre ce qui les a motivés à suivre ce cours particulier, etc.

Quand je vais à des événements, je deviens EXTRÊMEMENT EXTROVERTI. Et si quelqu'un me photographiait à ce moment-là, il pouvait me considérer comme un extraverti.

Au lieu de cela, il existe d'autres environnements où l'extraversion va bénir!

Si vous me mettez dans un environnement où l'on ne parle que de football, par exemple, je deviens le pire des introvertis.

Ici, ne pouvant pas communiquer avec ces personnes et établir une sorte de contact dans ces moments, je ressemble à un timide, qui a des problèmes sociaux.

Ici, ce qui fait la différence, c'est l'environnement: l'environnement transforme les gens en extravertis ou introvertis.

Maintenant je me tourne vers vous et je répète: chaque fois que vous vous considérez timide, demandez-vous "Mais suis-je timide ou suis-je juste un introverti?".

Une fois que vous comprendrez que votre 99% n'est pas de la timidité mais seulement de l'introversion, vous comprendrez qu'être charismatique est possible!

Vraiment, je ne le dis pas par hasard, les introvertis sont les gens qui communiquent généralement mieux parce qu'ils savent comment mieux exprimer leurs pensées et se tailler des espaces pour peut-être essayer de parler lorsqu'ils doivent parler publiquement.

Vous pouvez maintenant me poser cette question ...

"Mais les extravertis ne peuvent-ils pas être charismatiques?"

Absolument oui, les extravertis PEUVENT être charismatiques mais ils doivent faire très attention à ne pas trop en faire trop avec leur exubérance car vous risquez de tomber dans la catégorie des arrogants.

Pour conclure, la clé pour MAXIMISER votre talent n'est pas tant à comprendre si vous êtes introverti ou extraverti (cela ne vous donnera que la preuve qu'être charismatique est possible) mais c'est **VOUS METTRE DANS VOTRE ZONE DE STIMULATION**.

Veuillez être TRÈS PRUDENT sur cette étape.

Je connais beaucoup de gens aux cours de formation qui pensaient qu'ils étaient timides et ont donc totalement castrés leurs talents parce qu'ils ne se considéraient pas adéquats pour développer ces compétences.

Ne faites pas pareil!

LES 6 TUEURS DU CHARISME

Avant d'aller au cœur de ce livre et d'expliquer comment élever votre charisme, je dois vous faire une prémisse.

Malheureusement, dans la vie, nous ne rencontrons pas toujours des gens positifs. Parfois, nous pouvons rencontrer des gens qui nous endommagent lentement avec leur comportement, nous démoralisent et nous privent de notre estime de soi.

Ce sont des gens toxiques, qui nous aspirent et nous vident, nous laissant sans énergie.

Apprendre le plus tôt possible à identifier ce type de personnalité toxique et savoir se comporter est fondamental pour ne pas créer de relations et d'habitudes négatives difficiles à interrompre, habitudes qui auraient pour effet de détruire totalement notre charisme.

Quels sont donc les tueurs de notre charisme?

Dans ce chapitre, je vais vous expliquer comment reconnaître les 6 types de personnes toxiques les plus courants et mettre en place les meilleures stratégies pour les gérer ou les éviter.

LES 7 TRAITS POUR IDENTIFIER UNE PERSONNALITÉ TOXIQUE MÊME À 1KM DE DISTANCE

Pour commencer, nous devons partir du fait que nous ne pouvons pas définir comme toxiques toutes les personnes avec lesquelles nous sommes en désaccord.

De toute évidence, les personnalités toxiques vont au-delà d'une simple divergence de caractère.

De plus, nous devons toujours porter une attention particulière à nos caractéristiques. Considérant que parfois, nous pourrions également agir comme des personnes toxiques envers les collègues et les membres de la famille.

Les études scientifiques de la psychologie sociale ont constaté que, malheureusement, nous nous trouvons aujourd'hui dans une société prédisposée à un haut niveau de toxicité.

La plupart d'entre nous sont conscients de ce problème, mais parfois nous ne savons pas exactement ce qui est toxique et ce qui ne l'est pas.

Il est donc clair que cette incertitude nous déstabilise dans la vie de nos relations quotidiennes. Les personnes toxiques nous nuisent, surtout dans notre estime de soi, et cela ne nous prédispose pas à l'acquisition d'un plus grand charisme.

Prendre note de certains traits de caractère des personnes toxiques vous aidera vraiment.

Ce sont les 7 traits principaux des personnes toxiques:

1. **Attitude nerveuse:** certaines personnes ne peuvent s'empêcher de se comporter comme des enseignants dans toutes les situations. Ils sont faciles à provoquer et sont toujours nerveux. Ils veulent souvent garder tout le monde sous contrôle en élevant leurs voix. Ils s'entourent de personnes précaires à faible estime de soi.

2. **Ils ont toujours raison:** les circonstances n'ont pas d'importance… Ils ont toujours raison. Ils croient en une vérité, la leur, et persistent à convaincre les autres qu'il n'y en a pas d'autres. Ils sont capables de vous faire sentir coupable et intellectuellement inférieur, en pensant le contraire de ce qu'ils pensent.

3. **Ils n'arrêtent pas de se plaindre:** ils se plaignent de tout ce qui se passe. C'est l'un des traits les plus courants chez les personnes nuisibles. Ils sont pleins de négativité et capables d'infecter rapidement tout le monde autour d'eux.

4. **Ils parlent par derrière:** les personnes néfastes n'ont souvent pas le courage de vous dire ce qu'elles pensent parce qu'elles n'ont pas l'estime de soi et le courage de le faire. La tentative est aussi de vous retourner contre les gens dont ils parlent.

5. **Ils critiquent beaucoup:** ils ne cessent de critiquer constamment les opinions et les intérêts des autres, en plus de les traiter superficiellement.

6. **Ils utilisent le sarcasme et sont cyniques:** les personnes toxiques utilisent le sarcasme comme une lame, pour toujours faire allusion à une lacune. Cependant, le but de leur sarcasme est de détruire votre estime de soi et de vous faire sentir insuffisant.

7. **Ils sympathisent trop rapidement:** certaines personnes nuisibles ont souvent tendance à se faire des amis trop rapidement. En fait, il est très courant qu'après quelques jours de rencontre avec quelqu'un, ils le considèrent comme leur nouveau "meilleur ami". Cela est dû à leur énorme insécurité, qui conduit à la recherche constante de sympathie. Cela peut sembler paradoxal, mais en vérité, ce sont des gens extrêmement précaires. Ils doivent être constamment acceptés et reconnus par les autres, pour se sentir un peu plus confiants.

COMMENT INDIVIDUER ET GÉRER LES 6 TUEURS DU CHARISME: PERSONNALITÉS TOXIQUES

1. LE JALOUX

Un flot d'études a montré que l'envie est générée par un fort manque d'estime de soi.

Cependant, être en contact avec des gens envieux peut démolir notre charisme.

Les envieux passent la plupart de leur temps à réfléchir à ce que les autres ont accompli et à ce qu'ils n'ont pas, détestent le succès des autres et parfois même détestent le bonheur de leurs connaissances

Ces types de personnes ont peu d'objectifs dans la vie et ne sont jamais satisfaits.

Mais ce qui les intéresse, c'est l'échec des autres.

Comment gérer les envieux?

Tout d'abord, vous devez commencer à prendre conscience du fait que l'envie d'une personne est toujours enracinée dans l'insécurité et une faible estime de soi.

Cela peut vous aider à être plus compréhensif et à changer vos réactions lorsque cela montre de l'hostilité envers vous.

Le fait est qu'il n'est pas très facile de gérer ces personnes.

La plupart du temps, je vous le dis, ils ne changeront pas, quelle que soit la stratégie que vous puissiez mettre en œuvre.

Leurs insécurités sont probablement si profondes que seule une aide professionnelle pourrait les aider à changer leur façon d'interagir.

Si leur comportement devient un obstacle à votre vie, je vous donne un conseil impartial... Coupez-les!

2. LE MANIPULATEUR

Le manipulateur est généralement un narcissique qui exploite, avilit et blesse.

Les parents, amis et même conjoints peuvent être inclus dans cette catégorie de personnes nuisibles.

Ce type de personne a tendance à modifier la réalité et à décharger les responsabilités et à blâmer les autres, dans le but d'échapper à ses responsabilités.

Il existe **trois types de manipulation...**

GASLIGHT

C'est une forme très dangereuse de manipulation psychologique.

Ceux qui l'utilisent s'engagent dans des jeux subtils pour remettre en question votre clarté mentale.

Par exemple, face à un événement ou à une évidence, le manipulateur s'exprimera de cette façon: "Cela n'est pas arrivé", "Vous l'avez imaginé ou rêvé", "Vous êtes fou" et ainsi de suite.

Comme vous pouvez le comprendre, cette tactique est très dangereuse car elle peut ruiner progressivement votre estime de soi.

CONVERSATIONS INSANSÉS

Ce type de manipulation utilise des fleuves de mots pour vous étourdir.

Il vous envoie hors piste, vous discrédite et vous confond, vous faisant vous sentir coupable.

Tomber dans ce réseau peut être très dangereux et source de malheur pour vous.

Alors prenez soin de vous. Essayez de ne garder que de courts contacts si nécessaire.

CONDITIONNEMENT DESTRUCTIF

C'est aussi une **forme de manipulation destructrice.**

Le manipulateur essaie de conditionner vos forces, vos talents et vos souvenirs heureux avec abus, frustration et manque de respect.

Il utilise des formes de communication voilées, dévalorisant furtivement les qualités et les caractéristiques que vous avez idéalisées. Il sabote vos objectifs et ruine vos moments de plaisir, ainsi que les vacances et les fêtes.

Cela peut même aller jusqu'à vous isoler de vos amis et de votre famille. D'une certaine manière, cela vous «forme» au fil du temps pour vous faire peur de faire les choses qui ont rendu votre vie épanouissante.
Comment gérer le manipulateur?

Si, comme j'imagine, votre objectif est de développer le charisme et d'être un leader, faites attention à vos faiblesses car ce sont précisément celles auxquelles les manipulateurs s'attachent.

Sélectionnez donc soigneusement les personnes avec qui vous sortez et **<u>nettoyez les personnalités toxiques.</u>**

Ne révélez jamais ce qui vous manque car sinon vous serez toujours à la merci des autres.

Le manipulateur essaie de vous promettre ce que vous voulez le plus. Pour cela, plus il connaît vos besoins, plus il saura où frapper.

Prenez vous-même vos décisions et faites-le vous-même!

3. LA VICTIME

La victime défie toute logique humaine de compréhension et ignore sa négativité.

Le syndrome de Calimero est l'exemple le plus emblématique de victimisation.

Le syndrome de Calimero est cette attitude dans laquelle une personne se sent victime de son propre destin. L'effet de ces personnes sur votre charisme est négatif même à long terme.

Des recherches récentes menées par le Département de psychologie biologique et clinique de l'Université Friedrich Schiller en Allemagne ont révélé qu'un contact continu avec de telles personnalités provoque de fortes émotions négatives.

Le contact avec eux peut vous faire assimiler leur mal de vivre par osmose. Malheureusement, la victimisation est à la fois autodestructeur, il empêche toute sorte d'évolution des relations.

Comment gérer la victime?

Pour mieux gérer la victime, un stratagème est nécessaire pour éliminer les événements hors de votre contrôle.

Fixez des limites.

La victime veut inconsciemment que tout le monde se sente comme lui et continue donc d'être négative.

Cela ne peut être évité qu'en fixant des limites et en prenant les distances nécessaires lorsque cela est nécessaire.

4. L'ÉGOCENTRIQUE

Les personnes égocentriques ont une vision unique du monde et ne laissent aucune place aux opinions des autres.

Ce sont des gens qui veulent être le centre d'attention pour faire parler d'eux, ils sont controversés et ils se fâchent très facilement.

Une forme de comportement extrêmement égocentrique peut évoluer vers un trouble de la personnalité narcissique.

Le pire du pire peut se produire lorsqu'une personne égocentrique, pour comparaître, déprécie vos objectifs ou votre travail.

Ces types de personnes peuvent VRAIMENT vous rendre malheureux.

Comment gérer l'égocentrisme?

Vous n'avez pas besoin d'interagir avec une personne égocentrique.

Bien sûr, la situation pourrait être plus compliquée en cas de coexistence avec une personne de ce type mais avec le bon calme et avec les stratégies les plus appropriées, vous pouvez réussir à préserver votre santé et votre équilibre psychique.
Alors, armez-vous de bonne volonté et suivez ces étapes:

Lorsque vous sentez qu'une avalanche de présomptions est sur le point de vous submerger, interrompez la conversation de manière diplomatique, en évitant le contact visuel, en évitant de faire des commentaires et en agissant de façon altruiste.

Évitez de complimenter cette personne en alimentant son désir de grandeur, car il pourrait en profiter pour prouver sa valeur en vous dévaluant.

Demandez-vous: "Cette personne mérite-t-elle vraiment mon temps et mon énergie?" Ne vous laissez pas entraîner dans des conversations inutiles sur ses derniers succès.

S'il s'agit d'un ami ou d'une personne à laquelle vous êtes particulièrement attaché, il peut être difficile de miser.

Mais rappelez-vous que la personne égocentrique est une personne qui n'aime que lui-même.

Au début, vous pouvez être attiré par cela, car ce sont des gens qui animent les conversations et la compagnie, avec leur "personnalité", mais si cela vous nuit, vous fait sentir humilié et dévalué, le moment est peut-être venu de changer.

5. LE COLÉRIQUE

La personne en colère est celle qui se fâche toujours pour rien et garde en elle une infinie rancœur.

Pour cette raison, la personne en colère est un personnage qui peut sérieusement saper les piliers de toute relation.

Il est juste de donner libre cours à votre colère, mais ceux qui tombent souvent en colère le font en donnant contre ceux qui n'y sont pour rien, comme si les gens étaient des boucs émissaires.

La colère, les cris et les critiques négatives sont des signes évidents d'une personnalité toxique.

Comment gérer le courroucé?

Pour que vos interactions ne deviennent pas des jeux de puissance, vous devez prendre le contrôle.

Comment?

Refuser de concourir!

En choisissant de vous positionner à un autre niveau, c'est automatiquement vous qui gérez le jeu, car vous enlevez la possibilité de vous mettre au défi de l'autre côté.

En faisant cela, entre autres choses, vous ne risquez pas de vous enivrer de négativité.

6. CELUI QUI CRITIQUE

Les critiques grandissent mais les insultes ne le sont pas!

Ceux qui pointent du doigt habituellement et font des critiques non constructives ont généralement tendance à le faire pour abattre les autres avec des commentaires non pertinents.

Cela arrive parce que le critique n'est jamais content des autres et surtout de lui-même.

Comment gérer la critique?

Apprenez à prendre soin de vous et à réagir correctement.

Lorsque quelqu'un essaie de vous renverser, affrontez la situation sans être impulsif. N'ayez pas de réaction impulsive ou vous tomberez au même niveau.

La meilleure chose que vous puissiez faire est de l'ignorer, simplement de l'ignorer.

Vous éviterez ainsi de perdre votre temps avec quelqu'un qui n'en vaut pas la peine. N'oubliez pas qu'il existe des situations où le silence est la meilleure arme.

Si vous ignorez quelqu'un qui vous critique, vous lui ôtez son pouvoir car vous le privez de la satisfaction de vous voir réagir.

Ne daignez pas le regarder.

Dans la vie, il se peut que plusieurs personnes nuisibles se trouvent à proximité. Apprendre à prendre les bonnes distances est essentiel pour commencer à développer votre charisme magnétique.

Mais une chose que vous ne devez pas perdre de vue est la relation entre le charisme et les personnes nuisibles.

Plus vous augmentez votre estime de vous-même, plus votre charisme en bénéficiera et vous saurez également comment éviter les 6 tueurs de votre vie.

Consacrez-vous donc à mettre en œuvre les conseils que je vais vous donner dans ce livre afin que vous puissiez développer une certaine capacité de discernement et vous éloigner des personnalités toxiques et nuisibles.

De cette façon, vous serez plus aligné avec vous-même et vous commencerez à attirer uniquement des personnes positives dans votre vie, qui en fin de compte sont celles qui vous servent et vous font vous sentir bien.
Prêt?
On commence!

LES 3 PILIER DU CHARISME

Mais quelles sont les composantes du charisme?

Quels sont les 3 piliers sur lesquels se fonde la personnalité d'un homme ou d'une femme charismatique?

Eh bien, dans ce chapitre, nous examinerons une à une les composantes fondamentales du charisme telles que: **LE POUVOIR, LA CHALEUR** et **LA PRÉSENCE.**

Je vais vous montrer comment ces 3 piliers sont fondamentaux pour devenir un leader et comment vous aussi, maintenant, pouvez les mettre en œuvre dans votre vie pour obtenir immédiatement les premiers résultats en famille, avec des amis et au travail à travers des exercices simples qui vous aideront à libérer votre vrai potentiel.

Eh bien, commençons.

LE POUVOIR

Comme nous l'avons déjà vu, les 3 domaines fondamentaux pour augmenter notre charisme de quotient sont la CHALEUR, la PUISSANCE et la PRÉSENCE.

Commençons par le premier: le **POUVOIR**.

Tout ce que nous faisons avec notre esprit aujourd'hui est un héritage de millions d'années d'évolution.

Imaginez marcher le soir dans une rue désolée. À un moment donné, vous remarquez qu'un homme que vous pouvez à peine voir vient vers vous. Que se passe-t-il dans votre esprit? À ce moment, tous vos instincts se réveillent pour sonder dans les plus brefs délais s'il s'agit d'une bonne ou d'une mauvaise personne.

Les mêmes critères sont utilisés chaque fois que nous rencontrons quelqu'un pour la première fois. Nous évaluons instinctivement s'il s'agit d'un ami ou d'un ennemi potentiel et s'il a le POUVOIR de mettre en œuvre ses intentions.

Donc, le POUVOIR d'une personne et ses intentions sont ce que nous sondons instinctivement. En d'autres termes, la question inconsciente que nous nous posons à propos de la PUISSANCE est "combattre ou fuir?" Parce qu'en fonction de la PUISSANCE dont dispose la personne devant moi, je dois m'adapter.

C'est une question de survie.

Et cela nous amène au premier ingrédient qui génère CARISMA: donner l'impression d'avoir une grande PUISSANCE

Être PUISSANT signifie avoir la capacité d'influencer le monde environnant, et c'est parce que nous exerçons une influence sur les autres.

Nous pouvons le faire par exemple parce que nous avons de l'autorité, ou une position sociale élevée, ou parce que nous avons des ressources financières, des compétences, de l'intelligence ou de la force physique.

Nous pouvons le faire par exemple parce que nous avons de l'autorité, ou une position sociale élevée, ou parce que nous avons des ressources financières, des compétences, de l'intelligence ou de la force physique.

Nous sommes biologiquement programmés pour être sensibles au statut et pour nous impressionner, car cette réaction instinctive a été utile pour la survie. Les personnes de rang supérieur ont le pouvoir de nous favoriser ou de nous nuire et, pour survivre, nous devons être parfaitement conscients de notre place dans la hiérarchie.

Pour cette raison, par exemple, si vous rencontrez une excellente position institutionnelle, vous aurez devant vous un langage corporel plus conforme et légèrement plus fermé.

Si la police vous arrête dans la rue, à ce moment le policier aura plus de POUVOIR pour sa position institutionnelle et vous aurez tendance à montrer les documents avec plus de gentillesse que d'habitude.

Parce que, je le répète, un rang supérieur peut endommager un rang inférieur.

C'est l'héritage de millions d'années d'évolution. Que vous l'aimiez ou non.

Donc, à ce stade, nous devons aussi commencer à montrer nos signes de PUISSANCE.

Vous vous demandez peut-être: "Mais je n'ai aucune de ces positions de pouvoir! Je ne suis pas riche et je n'ai pas de hauts bureaux sociaux! "

C'est exactement le point. Peu importe que vous ayez ces postes ou non. Ce qui compte, c'est que vous vous déplaciez dans le monde comme si vous en aviez.

Je vais vous donner un exemple ...

Vous avez peut-être vu quelqu'un ou quelqu'un autour de vous qui vous a particulièrement impressionné, peut-être dans sa façon de marcher ou de marcher.

Ferme, avec présence, élégant.

Et peut-être, intrigué, vous vous êtes demandé: "Mais qui sait qui c'est... ça doit être quelqu'un d'important... il a l'air différent, plus important."

Vrai? Combien de fois est-ce arrivé!

Donc, même sans le savoir, vous l'avez associé à l'un des ingrédients du charisme. Dans ce cas, le Power.

Et maintenant, la question est: où recherchons-nous ces signes de pouvoir chez les autres? Qu'est-ce qui vous a frappé chez cette personne?

Ici, les choses deviennent intéressantes. Nous avons appris au cours de notre évolution à décoder certains signaux qui nous aident à comprendre la puissance de la personne en face de nous.

Et les signes que nous recherchons de manière complètement inconsciente sont 4:

1. Dans le langage corporel
2. En apparence
3. Dans les vêtements
4. Dans les réactions que la personne suscite chez les autres

Tout d'abord, le **langage corporel** est évalué.

Cela fait-il rayonner la confiance en son pouvoir d'influencer les autres? Peut-elle affecter le monde environnant? Avez-vous un langage corporel ouvert et confiant?

Deuxièmement, l'**aspect extérieur** et les **vêtements** sont évalués.
Ici aussi, il y a un héritage évolutif: le chef de la tribu portait des vêtements plus importants que les autres. Nous le voyons dans les forces armées aujourd'hui: l'uniforme du général est plus visible et plus précieux que le soldat.

De ce point de vue, le costume fait absolument le moine.

Regardez ces deux images: laquelle des deux montre plus de PUISSANCE? Celui de droite ou celui de gauche? La réponse est évidente!

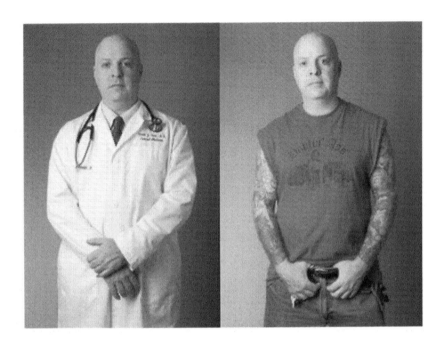

Le quatrième élément est **la réaction qu'il provoque chez les autres.**

Si dans un groupe il y a une personne qui est entourée de beaucoup d'autres personnes qui l'écoutent avec attention et qui le respectent avec le langage corporel, alors nous aussi, même si nous ne le connaissons pas, lui associerons une certaine influence, et donc charisme.

Nous évaluons tous ces signaux en moins d'une seconde.

Mais encore une fois, pour augmenter le pouvoir, nous n'avons pas besoin d'avoir une position ou une autorité sociale particulière.

Nous devons simplement nous déplacer dans le monde à leur manière, car les gens croient en ce que nous projetons vers l'extérieur.

Voici les 3 choses à ajuster immédiatement dans votre attitude pour augmenter la puissance:

1. UTILISEZ UN LANGAGE CORPOREL OUVERT

Remplissez l'espace, tenez-vous droit avec le dos, ne vous relâchez pas.

Lorsque vous vous fermez comme si vous vouliez remplir moins d'espace, vous réduisez votre puissance et vous vous sentez mal à l'aise.

Efforcez-vous de marcher pendant au moins une semaine avec le dos droit, les épaules détendues et le corps ouvert.

Portez une attention particulière aux bras croisés.

Comme exercice cette semaine, ne croisez jamais les bras.

Vous remarquerez que lorsque vous êtes gêné lorsque vous parlez à quelqu'un, vous aurez tendance à vouloir le rencontrer.

Considère ceci ...

Le torse est la partie la plus vulnérable de notre corps et nous l'exposons inconsciemment sans protection seulement si nous nous sentons complètement à l'aise. Donc, si nous restons avec le corps ouvert et découvert, nous transmettrons la confiance et la sécurité.

Et le plus surprenant, c'est que nous aussi, nous commencerons à nous sentir plus forts. Parce que notre esprit envoie en nous des signaux de force et de sécurité.

Essai! Vous serez surpris par les résultats!

2. DÉPLACEZ-VOUS LENTEMENT

Ne vous excitez pas tout le temps.

Ceux qui sont constamment agités transmettent un sentiment d'insécurité et de nervosité.

Ici aussi, faites attention surtout lorsque vous êtes gêné.

Vous remarquerez que lorsque vous êtes plus agité, vous vous balancez constamment sur vos jambes, vous vous grattez constamment, vous posez vos mains sur votre visage ou, pire encore, sur la nuque.

Entraînez-vous à bouger calmement... mais fermement.

Pensez aux films de James Bond: son langage corporel est toujours calme et composé même dans les moments de grande tension.

3.GARDEZ LES MAINS TOUJOURS EN ÉVIDENCE

Ne les cachez jamais derrière votre dos ou dans votre poche.

Lorsque vous êtes assis, ne mettez pas vos mains sous vos jambes.

Et, encore une fois, ne croisez pas les bras, car en plus de la protection de signalisation, vous cachez également vos mains.

N'oubliez pas: les mains indiquent la confiance et l'honnêteté.

Si vous négociez avec quelqu'un, gardez toujours les mains en vue, surtout lorsque vous parlez de prix. Pour exprimer l'autorité, gardez toujours les mains en vue ou, comme vous pouvez le voir sur cette photo, dans cette position appelée "flèche".

Faites ces exercices pendant une semaine. Vous serez surpris à la fois de leur effet sur les autres et de l'augmentation de votre confiance en vous.

LA CHALEUR

Plongeons-nous dans le deuxième domaine: **LA CHALEUR.**

Dans le chapitre précédent, nous avons parlé du processus instinctif par lequel nous sondons instinctivement qui nous sommes confrontés.

La question inconsciente que nous nous posons à propos du Pouvoir est: "combattre ou fuir?".

Dans la chaleur, cependant, la question inconsciente que nous nous posons est: "Ami ou ennemi?!"

La chaleur est bonne volonté envers les autres.
Être des gens chaleureux signifie paraître bienveillant, désintéressé, participer à la vie des autres.

La chaleur est importante pour éviter l'arrogance, car si nous ne montrons que des attitudes de PUISSANCE, nous semblerons arrogants.

Grâce à la chaleur, cependant, nous pouvons exprimer en nous toute la sécurité que nous voulons sans jamais paraître présomptueux.

Et voici la première équation que le CHARISMA génère: **donner l'impression d'avoir un grand POUVOIR avec une grande CHALEUR.**

Vous devez apprendre à être fort, mais pas grossier.

Apprenez à être doux, mais pas faible.

Apprenez à être audacieux, mais pas un intimidateur.

Apprenez à être humble, mais pas timide.

Apprenez à être fier et fier, mais JAMAIS arrogant.

En un mot, nous devons développer une autorité aimable.

Augmenter notre chaleur est important non seulement pour éviter l'arrogance, mais aussi parce que les gens de charisme ne veulent pas paraître importants: en réalité, ils veulent que **LES AUTRES** se sentent importants.

Et cette étape est très importante.

Si c'est une petite personne qui vous donne de l'importance, vous l'aimerez certainement... mais tout s'arrête là.

Si c'est plutôt une personne socialement puissante qui vous donne de l'importance, alors vous vous sentirez très important.

Et incroyablement, la personne puissante qui vous a fait sentir important reçoit à la fois notre estime et un grand charisme.

Prenons un exemple.

Si le travailleur d'une entreprise vous complimente et vous dit que vous êtes une belle personne, cela vous affectera certainement... mais si le PDG de cette entreprise vous fait le même compliment, comment vous sentirez-vous?

Désormais, nous nous mettons donc du côté des gens puissants qui font que les autres se sentent bien.

Pour exprimer la CHALEUR, nous devons entrer dans un état mental de bonté, c'est-à-dire à travers nos gestes que nous avons pris la personne à cœur.

Pour ce faire, il y a 3 états mentaux que nous devons induire: **la BIENVEILLANCE, la GRATITUDE et l'EMPATHIE**.

Pour augmenter votre CHALEUR, je vous suggère de faire cet exercice...

Lorsque vous êtes avec quelqu'un, identifiez 3 aspects que vous aimez. Qui que ce soit, recherchez trois aspects à apprécier et à approuver (même s'il s'agit de petites choses comme "Quelle belle chaussure vous polissez!" Ou "Mais, quelle ponctualité!").

En cherchant des aspects positifs, votre humeur change en conséquence, avec un fort impact sur le langage corporel.

Une fois que vous avez identifié les trois aspects, communiquez-en au moins un à votre interlocuteur. Par exemple: «Quelle belle veste! Où le trouvez-vous? ".

S'il vous plaît, vous devez le faire sincèrement et authentiquement.

Au lieu de cela, lorsque vous vous retrouvez avec des gens où il est plus difficile de trouver de bonnes choses à observer, essayez la technique d'empathie.
L'empathie est la capacité de «se mettre à la place de l'autre», de percevoir ses émotions et ses pensées.

Lorsque vous êtes en contact avec ces types de personnes, posez-vous quelques questions d'alignement:

"Si j'étais à sa place, est-ce que je me comporterais de la même manière?"

"Si j'étais à sa place, serais-je capable de me comporter différemment?"

Je vous recommande, l'empathie est un puissant outil de CHALEUR, mais vous n'avez pas seulement à vous mettre à la place de l'autre et à imaginer ce qu'il pense. Mettez-vous à la place de l'autre et restez-y jusqu'à ce que votre point de vue soit raisonnable.

Cela aura un effet très puissant!

Apprenez également à dire «Je suis désolé».

Une autre façon d'augmenter la chaleur en misant sur l'empathie est de dire «je suis désolé» lorsque quelqu'un vous dit quelque chose de désagréable qui lui est arrivé. C'est un moyen efficace de montrer que vous vous mettez à sa place, en essayant de vous mettre dans une relation empathique.

Transmettre la compréhension des expériences des autres et leur souhaiter le meilleur produit une amélioration sensible de la confiance.

LA PRÉSENCE

Voyons maintenant le troisième domaine très important du charisme: **LA PRÉSENCE**, qui constitue son ingrédient de base.

Être PRÉSENT signifie être conscient, à chaque instant, de ce qui se passe. Faites donc attention à ce qui se passe actuellement et à notre interlocuteur plutôt que de vous impliquer dans nos pensées.

Avez-vous déjà eu le sentiment, lors d'une conversation avec quelqu'un, que votre esprit n'était qu'à mi-chemin et que l'autre moitié errait? À votre avis, l'interlocuteur l'a-t-il remarqué?

Oui bien sûr!

Le manque de présence n'est pas seulement vu, mais risque également d'être perçu comme une forme de mensonge, avec des conséquences encore pires sur le plan émotionnel.

Malheureusement, lors des conversations, il a été estimé qu'en moyenne, nous sommes distraits environ 50% du temps. Et lorsque cela se produit, notre langage corporel change évidemment.

Les yeux deviennent plus ternes et semblent "opacifiés", ils ne sont pas dirigés vers l'interlocuteur et c'est comme s'ils ne regardaient vraiment rien de particulier. Ainsi, même nos expressions faciales deviennent plus lentes.

Tous les signes que notre interlocuteur remarque, bien sûr!

La prochaine fois que vous parlez à quelqu'un, vérifiez à intervalles réguliers si l'esprit est vraiment là ou s'il se promène ailleurs.

S'applique également lorsque vous pensez à la phrase suivante!

Essayez de ramener l'attention sur le présent chaque fois que vous le pouvez.

Même si pendant une courte période, mais avec toute son attention, cela fera que la personne se sentira comprise, appréciée et respectée, et aura le sentiment qu'elle compte vraiment pour vous. Ils se sentiront un peu spéciaux.

4 Conseils pour augmenter votre présence:

1.CONTACT VISUEL

La première chose que les gens essaieront de comprendre lorsqu'ils sauront que vous le serez s'ils peuvent vous faire confiance.

La décision est presque entièrement inconsciente et est généralement basée sur la façon dont vous parvenez à réguler la transmission des deux piliers: le pouvoir et la chaleur.

La façon la plus simple de créer une interaction avec les gens est d'attirer l'attention et de la garder.

C'est incroyablement l'une des choses les plus faciles à faire, mais elle reste parmi les plus efficaces.

Avez-vous déjà eu une conversation avec quelqu'un qui regarde derrière vous? Ou regardez-vous autour? Ou pire encore, regardez le téléphone?

Comment vous sentez-vous?
Non seulement ils n'ont rien de charismatique, mais ils nous mettent même mal à l'aise.

Les yeux envoient et reçoivent constamment des signaux et créent une connexion profonde. Ces signaux sont de puissants indicateurs de sécurité, d'intelligence, de chaleur, d'ouverture, d'humour, de pouvoir et de leadership.

Alors, regardez l'autre personne dans les yeux pendant au moins 50% du temps lorsque vous êtes impliqué dans une conversation.

2. ÉCOUTEZ

Écoutez attentivement ce que les gens vous disent.

Écouter ne signifie pas «attendre son tour» pendant que l'esprit vagabonde et réfléchit à la réponse ou, pire, attendez passivement. Il s'agit d'une grave erreur de communication!

La plupart du temps, nous n'écoutons pas pour comprendre, mais pour répondre.

Écoutez activement.

L'écoute active nécessite plusieurs étapes:

• Écouter ce que la personne dit
• Interpréter et évaluer
•Répondre

Interpréter et évaluer signifie vraiment comprendre le point de vue de l'interlocuteur, éviter les jugements hâtifs et les conclusions personnelles.

Assurez-vous de disposer de toutes les informations pertinentes avant d'exprimer une opinion. Donnez ensuite votre avis pour que votre interlocuteur comprenne que vous avez écouté.

Si vous ne vous souvenez pas de toutes les étapes, mémorisez ceci: écoutez le double et dites la moitié.

3. N'INTERROMPEZ PAS!

Résistez à la tentation d'arrêter.

L'interruption insuffle une certaine frustration ou ressentiment à l'interlocuteur de ne pas avoir terminé le raisonnement. Et pas seulement!

La personne attendra que vous ayez fini de parler, sans vraiment vous écouter, car elle devra finir son raisonnement!

Cette semaine, pratiquez ces conseils et vous verrez votre charisme augmenter considérablement.

Je vous souviens encore une fois: pour augmenter votre charisme, il faut que les gens se sentent importants en votre présence.

5.MINDFULNESS

Dans ce dernier paragraphe, je veux vous parler de quelque chose appelé "méditation mindfulness (de pleine conscience)", ce que je fais tous les jours.

C'est un exercice très simple qui vous permettra de prendre conscience de "l'ici et maintenant" afin d'éliminer au maximum la réflexion générale qui se crée dans votre tête au quotidien et vous permettra de maximiser votre présence.

Prenez 10 minutes par jour.

Asseyez-vous les jambes croisées et la colonne vertébrale droite.

Recherchez sur YouTube ou Spotify pour la musique blanche (je n'explique pas pourquoi vous devez rechercher ce type de musique, faites-le).

Mettez vos écouteurs et fermez les yeux.

Activez la musique et restez 10 minutes les yeux fermés en vous concentrant uniquement sur la musique en essayant de ne penser à rien d'autre.
Inspirez avec votre nez et expirez profondément avec votre bouche.

Si une pensée se produit, ne la combattez pas, acceptez-la et laissez-la passer.

C'est un exercice qui va changer votre vie, croyez-moi.
Cela vous rendra plus réactif aux événements quotidiens et débloquera des zones du cerveau qui vous pousseront à agir même si vous ne vous sentez pas complètement à la hauteur de la situation.

TÉCHNIQUES ET ÉTATS D'ESPRIT

---

7 TÉCHNIQUES DE COMMUNICATION POUR AUGMENTER VOTRE CHARISME

1. SOURIEZ

La plus importante des attitudes pour générer du charisme est SOURIRE!

Le sourire n'est pas seulement une expression faciale universelle de joie et de bonheur, mais aussi un générateur de bonheur. De plus, le sourire est contagieux.

Quand on rit, les autres rient aussi, et ce processus est continuellement renforcé.

Proverbe chinois: "Un homme qui ne peut pas sourire ne devrait jamais ouvrir une boutique."

Les gens reflètent inconsciemment le langage corporel de l'orateur. Si vous voulez être agréable, utilisez un langage physique positif et les gens feront de même de manière complètement naturelle.

2. DÉPOSEZ LE PORTABLE

Gardez votre téléphone hors de vue jusqu'à la fin de la conversation ou de la réunion.

Faites attention. Regardez les autres dans les yeux. Arrête de faire ce que tu fais. Aucune interruption. Soyez présent avec tout votre être.

Regarder en permanence le téléphone mobile montre non seulement l'inattention et le manque de présence, mais envoie un message inconscient à votre interlocuteur que les appels et les messages sont beaucoup plus importants que lui et pour cette raison, ils auront toujours la priorité.

Ceci, plutôt qu'une technique, est une habitude efficace qui peut être prise immédiatement et qui ne nécessite pas d'efforts ou de compétences particuliers.

3. ACCEPTEZ LES COMPLIMENTS

Accepter un compliment peut être compliqué.

La peur est de paraître égocentrique. Ou nous avons tendance à minimiser parce que nous nous sentons gênés et nous ne savons pas comment les gérer.

Alors évitez de dire "Rien du tout"... ou de murmurer un "Merci, vous aussi" car cela vous fait paraître maladroit et socialement incapable. De plus, le message envoyé à l'interlocuteur est qu'il a eu tort de vous complimenter, le mettant mal à l'aise.

Au lieu de répondre avec des phrases comme "Tu es 10 fois mieux que moi" ou "Tout est grâce à toi", accepte le compliment en utilisant cette séquence:

Le compliment vient à toi

1. Ne justifiez pas ou n'expliquez pas pourquoi vous avez fait cette chose

2. Arrêtez et absorbez le compliment et éventuellement en profiter

3. Montrez avec des expressions faciales que le message a eu son effet

4. Merci sincères. "Je vous remercie beaucoup!" cela peut suffire, ou «Merci! il est agréable d'entendre que! "

4. POIGNÉE DE MAIN

Pas trop fort pour ne pas sembler dominant, ni céder ni mou, donnant l'impression d'être un soumis. La recherche montre comment les gens décident s'ils vous aiment ou non après quelques secondes où ils vous ont rencontré.

Une poignée de main de la bonne intensité peut beaucoup contribuer à cette première impression.

5. APPELEZ LES GENS PAR LEUR NOM

La prochaine fois que quelqu'un vous salue en vous appelant par son nom ou l'utilise au milieu de la conversation, remarquez à quel point vous êtes content.

Si vous rencontrez des problèmes pour connecter des noms à des visages, utilisez différentes stratégies, telles que l'association d'images au nom.

Essayez cette stratégie:

• Répétez les noms des personnes plusieurs fois lorsque vous leur parlez

• Écrivez les noms des personnes au téléphone avec une brève description de qui elles sont et comment vous les avez rencontrées.

• Associez le visage de la personne à quelqu'un que vous connaissez bien: il peut s'agir d'un membre de la famille ou d'une personne célèbre du même nom.

Dans la vie et au travail, se souvenir des noms des personnes peut vous aider à établir des relations plus solides et à éviter les situations inconfortables.

Les gens apprécient quand on se souvient de leur nom car c'est un signe de respect et de profondeur de pensée.

6. REMERCIEZ

Nous nous excusons souvent en supposant que les gens apprécieront notre courtoisie et nos bonnes manières. Mais dans la plupart des cas, l'autre partie serait beaucoup plus heureuse d'entendre des mots de gratitude que nos excuses.

Lorsque nous voulons remercier quelqu'un, nous n'avons pas à nous excuser et à dire «je suis désolé» tout le temps. Surtout, nous ne devons pas nous excuser pour notre simple existence ou pour la façon dont nous sommes, lorsque nous ressentons un poids pour les autres.

Non seulement cela affecte négativement notre charisme, mais cela met également les gens autour de nous mal à l'aise.

Ne dites pas: "Je suis désolé."
Dites plutôt : "**Merci**".

Ne dites pas: "Oh désolé, je suis toujours en retard."

Dites: **"Merci de votre patience."**

Ne dites pas: "Excusez-moi, ce que je dis n'a pas beaucoup de sens."
Dites: **"Merci parce que vous me connaissez."**

Ne dites pas: "Je suis désolé, je parle en vain".
Dites: **"Merci parce que vous savez m'écouter."**

Ne dites pas: "Désolé si j'étais ennuyeux, merci de m'avoir supporté."
Dites: **"Merci d'avoir passé du temps avec moi."**
Ne dites pas: "Désolé, je suis une vraie déception / je vous déçois toujours".
Dites: **"Merci de continuer à croire en moi."**

7. BIEN CONCLURE UNE CONVERSATION

Les derniers mots d'un discours peuvent laisser une impression durable sur une personne, alors vérifiez qu'ils sont les bons.

On parle souvent de la première impression, mais peu se concentrent sur la dernière impression, qui a le même pouvoir que la première.

En psychologie, on les appelle l'effet "Primauté" et "Récence": c'est cette distorsion cognitive qui ne fait que nous rappeler les premières et dernières choses.

La crédibilité et la confiance se construisent donc dès les toutes premières étapes du contact (effet Primauté) et se consolident dans les interactions finales et dans les dernières choses que l'on dit (effet Récence).

Très souvent, dans les derniers moments d'une conversation, vous ne savez pas exactement quoi dire, et quand vient le moment de dire au revoir, l'embarras augmente.

C'est le moment où, si vous ne faites pas attention, vous pourriez dire des bêtises...
Habituez-vous à laisser les gens avec un soulignement direct, comme "Ce fut un plaisir de vous rencontrer" ou "Profitez d'une bonne journée" ou "Je me souviendrai de notre agréable conversation".

C'est si facile! Et cela peut faire une différence incroyable.

6 PERLES D'ÉTAT D'ESPRIT SANS LESQUELLES VOUS N'IREZ NULLE PART

Maintenant, je veux vous parler d'une chose très importante mais trop souvent sous-estimée qui vous permettra d'appliquer de manière complètement naturelle ce que vous avez appris dans les chapitres précédents.

Je sais que garder un œil sur son langage corporel, sa voix et tout le reste est suffisamment stressant et peut parfois être trop "mécanique"...

C'est précisément pour cette raison que je veux vous parler de quelque chose qui, une fois appris, vous permettra de garder sous contrôle tous les paramètres de votre charisme avec un naturel extrême et sans aucun effort.

Je veux vous parler de l'**ÉTAT D'ESPRIT** d'une personne charismatique et en particulier de 6 croyances qui vous mèneront à ce type de comportement charismatique qui rendra votre vie bien meilleure en termes d'interactions sociales, personnelles et professionnelles.

1. QUOI QU'IL ARRIVE, JE SERAI À L'AISE

C'est, à mon avis, la croyance la plus fondamentale du charisme car trop de gens vivent leur vie enveloppés dans une boucle mentale de questions comme:

"Et si je dis cette chose à mon patron?"

"Et si je demande à cette fille de sortir et qu'elle me dit non?"

"Et si je monte l'embrasser et qu'elle bouge?"

"Et si je pose des questions à mon ami?"

Toutes ces choses empêchent les gens d'agir, d'avoir leur mot à dire, d'exprimer qui ils sont vraiment.

Maintenant, dans les contextes sociaux, ce que vous devez comprendre, c'est que les répercussions, même dans le pire des cas, ne sont pas si graves. Vous vous en sortirez.

Si votre patron n'aime pas l'idée, ok, allez plus loin.

Si une fille ne veut pas sortir avec vous, il vaut peut-être mieux le savoir que de perdre des mois à essayer de savoir quels signaux elle vous envoie pour savoir si elle vous veut.

Ici, lorsque vous assimilerez cette croyance du «Peu importe ce qui se passera, j'irai bien», alors votre vie changera radicalement et vous acquerrez un charisme jamais vu parce que vous n'aurez pas peur de faire des erreurs.

Je ne dis pas de quitter la maison et de sauter d'un immeuble de 40 étages, mais appliquez cette stratégie dans vos interactions sociales et voyez ce qui se passe.

Vous agirez avec une liberté que la plupart des gens ne connaissent jamais, ce qui signifie que vous pouvez prendre des risques sociaux comme faire des blagues, exprimer des idées, faire des demandes, exprimer ce que vous ressentez.

Et quand d'autres personnes voient que vous semblez avoir une sorte d'immunité à la pression sociale, que vous exprimez qui vous êtes et que vous allez bien, elles graviteront automatiquement vers vous parce que c'est la force que beaucoup de nous voudraient avoir.

Si jamais vous vous sentez coincé, ne sachant pas si vous avez votre mot à dire ou non, pensez à la phrase "Quoi qu'il arrive, ça ira."

2. M'IMPORTE PLUS DE MON CARACTÈRE QUE DE MA RÉPUTATION

C'est une phrase de John Woo que j'ai transformée en ma croyance personnelle, mais si vous prenez l'idée que votre personnage est plus important que la façon dont les gens vous perçoivent, ce que vous découvrez est que qui vous êtes compte plus que ce que les gens ils pensent que vous l'êtes.

Il y a beaucoup de gens qui viennent à mes cours de formation qui passent leur vie à gérer les opinions des autres...

"Ils penseront ceci si je fais ça"

"Que se passera-t-il si je fais ça?"

"Même si je dis la vérité, ils ne me croiront pas de toute façon"

Et des choses dans le genre.

La chose que je veux que vous compreniez, c'est que lorsque vous vous concentrez sur les choses et que vous vous souciez uniquement de votre personnage et que vous laissez les gens se forger une opinion sur vous, ce qui se passe, c'est que les gens voient que vous ne faites pas trop d'efforts vérifier comment ils se sentent.

Et savez-vous ce qu'il transmet?

Il transmet la sincérité!

Oui, car cela leur fait penser «Excellent! Si vous ne vous souciez pas tellement de ce que je ressens, vous êtes une personne authentique! "

Je sais, c'est assez paradoxal, mais si vous vous concentrez sur VOTRE PERSONNALITÉ et arrêtez de faire autant d'efforts pour contrôler l'opinion que les autres ont sur vous, ce qui se passe, c'est que ...

Non seulement vous ressentez la liberté d'agir et d'être vous-même, mais les gens auront une meilleure opinion de vous.

Cela semble fou, mais c'est absolument vrai.

3. VOUS AVEZ UNE HONNÊTETÉ ET UNE INTÉGRITÉ IMPECCABLES

C'est la croyance la moins mise en avant de tous et je pense que ce serait celle qui sera le plus traitée.

Chaque fois que vous mentez, que ce soit un très petit mensonge "Je viens" alors qu'en réalité vous devez encore quitter la maison ou un gros mensonge, même si vous n'êtes pas pris, le problème est que vous vous faites une réputation lorsque vous mentez.

Cette identité est très importante parce que lorsque vous mentez, vous construisez une image de vous-même qui dit à votre esprit que vous êtes celui qui ment.

Et même si parfois vous n'avez pas besoin de faire confiance aux autres et que personne ne découvre que vous êtes profondément couché, vous le savez.

Maintenant, cette chose détruit complètement votre capacité à parler avec conviction, ce qui est essentiel pour le charisme.

La capacité de regarder quelqu'un dans les yeux et de parler d'une manière qui lui dit «je crois à 100% dans les mots qui sortent de ma bouche» est très importante.

Lorsque vous mentez, vous endommagez votre capacité à parler avec conviction à chaque fois parce que dans le fond de votre esprit (quoi que vous disiez), vous savez que parfois vous mentez.

Et cela peut apparaître en petits gestes, en sursaut, en contact visuel, dans la façon dont vous utilisez votre voix. Peu importe, votre mensonge a tendance à émerger.

Donc, ma recommandation si vous êtes quelqu'un qui s'identifie à quelqu'un qui ment parfois est de mettre fin à cette histoire maintenant.

Et la vérité est qu'il y aura un prix à payer.

Si vous avez construit une vie qui repose sur une poignée de mensonges pratiques qui semblaient précieux au moment de leur formulation, y revenir et exposer la vérité peut faire mal.

Mon conseil, lorsqu'on lui pose des questions à ce sujet, 90 à 99% du temps, est de l'exposer de toute façon.

Il y a des situations en marge où cela n'en vaut pas la peine.

Par exemple, si quelqu'un est sur un lit de mort, vous ne devez pas lui dire, s'il croit en Dieu, que vous ne croyez pas en Dieu, mais dans 90/99% des fois où vous n'êtes pas sûr de dire la vérité ou non la réponse, même si pourrait endommager la situation, c'est "dire la vérité"!
Parce que si vous ne dites pas la vérité, vous détruisez votre estime de soi, vous détruisez votre capacité à parler avec conviction et à nouer de véritables relations dans votre vie.

C'est donc une croyance ÉNORME et nécessite une action.

4. VOUS N'AVEZ PAS BESOIN DE CONVAINCRE PERSONNE

Je sais que si vous m'avez suivi jusqu'à présent, cela peut vous sembler un peu étrange, après tout, nous avons parlé de persuasion et comment avoir plus d'impact sur les autres, mais le but de ce que je vous enseigne est d'améliorer la façon dont vous vous demandez aux autres de ne pas être dans le besoin!

Il est juste d'être plus persuasif et convaincant, mais quand il s'agit de stresser les gens avec leurs demandes, ce n'est pas une bonne chose!

Ce qui se passe au moment où vous devenez nécessiteux, c'est que votre charisme est détruit.

La personne charismatique demande simplement puis décide...

Si la réponse est oui, parfait!

Si la réponse est non, vous devez vous poser la question suivante...

"Puis-je gérer le non de cette personne ou dois-je rompre cette relation?"

Cela peut être vraiment difficile, mais si quelqu'un ne vous traite pas comme vous aimeriez être traité, la réponse est de ne pas courir après lui dans une sorte de bataille répétitive en essayant de forcer ces gens à faire ce qu'ils ne veulent pas.

La réponse est soit d'accepter que la relation entre vous et ces personnes restera telle qu'elle est, soit de l'éliminer de votre vie.

Je sais que cela peut être compliqué, mais une fois que vous commencerez à filtrer ces relations marginales, votre vie s'éclaircira beaucoup.

Peut-être que ces amis marginaux qui ne vous traitent pas comme vous voulez être traités ou regardent vos nouvelles passions avec un regard intimidant ne vous servent pas beaucoup.

Lorsque vous commencez à faire de la place aux personnes qui vous font du bien, eh bien, c'est DANS CE MOMENT que votre vie va changer de façon effrayante et que votre charisme va exploser.

Ne pas essayer de convaincre les gens à tout prix est une croyance que vous devez inculquer dans votre esprit dès que possible parce que c'est vraiment trop important.

5. VOTRE CHARISME ET VOUS DEVEZ COMMENCER À COMMUNIQUER VOTRE BUT PLUS PROACTIVEMENT

Beaucoup de gens perdent beaucoup de temps dans leur vie à bavarder et à ne pas avoir d'objectifs.

Les personnes charismatiques ont une fin qui les enflamme et même si elles ne vous importunent pas, savez-vous ce qu'elles font pendant une conversation?

Ils sont enthousiasmés par leurs objectifs et ils vous le disent!

Lorsque vous êtes parmi des gens ou un groupe d'amis et que vous avez un objectif spécifique en tête si vous le communiquez avec vos discours et avec votre enthousiasme, les gens ne pourront que graviter autour de vous.

6. VOUS DEVEZ COMMENCER EN PREMIER

Soyez le premier à féliciter les autres si les autres ne sont pas à l'aise de le faire.

Soyez la première personne d'un groupe d'étrangers à faire une blague.

Soyez le premier d'un groupe à parler et à communiquer votre vulnérabilité.

Lorsque vous êtes la personne qui dirige le groupe dans des domaines où la connexion peut être établie, cela montre aux autres que vous avez du leadership.

Oui, car être le premier à créer des liens indique du courage parce que vous faites quelque chose que les autres ne feraient pas parce qu'ils seraient nerveux à l'idée de le faire.

Et quand vous faites ce genre de chose, vous devenez automatiquement la personne que TOUT LE MONDE veut être.

Et je suis sûr que ce que vous avez découvert dans votre vie lorsque vous avez été en contact avec un groupe de personnes trop sérieuses, c'est que si l'on tire une blague, alors un autre membre en tire sûrement un autre et ainsi de suite changer l'atmosphère que vous cela a été créé.

La même chose se produit avec la vulnérabilité.

Quelqu'un s'ouvre et partage une histoire de sa vie. Ce faisant, vous apprenez à mieux vous connaître et vous connectez à un niveau qui n'était pas disponible auparavant.

Les gens se souviennent qui a été le premier à faire quelque chose dans un groupe et cela rend cette personne plus aimable aux yeux des autres membres parce qu'elle a eu le courage de prendre des risques sociaux.

Soyez la personne qui prend le risque et se souvient, quoi qu'il arrive, tout ira bien.

EMPATHIE: COMMENT TRANSMETTRE CHARISME ET CONQUÉRIR AUSSI LES GENS LES PLUS DIFFICILES

Faites maintenant très attention à ce que je vais vous dire car c'est l'un des chapitres les plus incroyables de ce guide.

Vous êtes-vous déjà demandé comment fasciner même les personnes qui vous semblent VRAIMENT difficiles?

Eh bien, dans ce chapitre, vous trouverez la réponse à cette question et croyez-moi que vous serez étonné!

Avez-vous déjà remarqué qu'avec certaines personnes, il est très facile de s'entendre alors qu'il y en a d'autres qui, au contraire, rendent difficile l'établissement de tout type de relation?

Dans ces cas, il est facile de dire "Avec cette personne, il est inutile de s'entendre, je les ai tous essayés" ...

Il semble IMPOSSIBLE d'approcher cette personne.

Et si d'une part cette personne semble impossible, pourquoi cette personne s'entend-elle avec quelqu'un d'autre?

La réponse est que cette personne s'entend bien avec quelqu'un d'autre parce qu'elle a trouvé la clé pour générer de l'**empathie**.

J'ai déjà mentionné à plusieurs reprises ce terme, "l'empathie", qui est un élément essentiel pour créer votre charisme.

Le terme «empathie» signifie «se mettre à la place de l'autre» et avoir une communication empathique signifie créer une relation de confiance avec ceux qui sont devant vous.

"L'empathie" ne doit pas être confondue avec la "sympathie" qui est cet élément de communication qui se déclenche lorsqu'une personne vous divertit ...

Mais à une personne qui vous fait plaisir, vous ne donneriez jamais les clés de la maison car elle n'a pas forcément établi une relation de confiance avec vous!

Par exemple, j'ai beaucoup de bons amis avec qui je vais bien, mais pas pour ça je lui donnerais les clés de ma maison car je ne leur fais pas nécessairement confiance.

Ce n'est que lorsque je peux créer une relation empathique avec une autre personne que je peux obtenir ce que je veux.

Exemple.

Parlons des vendeurs.

Il y a certains vendeurs qui ont tendance à être drôles en gonflant leurs discours avec de nombreuses blagues, mais malgré le fait qu'ils soient drôles, ils ne méritent pas votre confiance car ils ne vous ont inconsciemment pas transmis d'empathie.

Ensuite, vous trouvez un vendeur moins sympa, mais qui a en quelque sorte la capacité de vous comprendre, de savoir ce dont vous avez besoin ...

Il est clair que dans 100% des cas vous serez amené à acheter auprès de ce deuxième type de vendeur que du premier.

Cet exemple peut être étendu à tous les autres domaines de votre vie tels que les relations sociales.

Exemple.

Lorsque vous rencontrez une personne pour la première fois dans une entreprise, il peut sûrement vous faire beaucoup de plaisir avec ses mots, mais peut-être qu'il ne vous donne pas la même confiance qu'un gars moins gentil qui sait cependant toucher les bonnes cordes.

Mais quelles sont les bonnes cordes?

Dans ce chapitre, je vais vous expliquer de telle manière que vous pouvez IMMÉDIATEMENT élever votre charisme vers les étoiles et vous faire des amis, même avec les personnes les plus difficiles.

AVERTISSEMENT: Bien que je vais révéler des choses extrêmement utiles pour votre croissance personnelle, n'oubliez pas qu'il n'y a pas de formule qui puisse être appliquée à tout le monde. Chaque personne a sa propre vision de la réalité et un bon communicateur est celui qui peut comprendre à qui il est confronté et propose ce qui est le mieux pour cette personne sur la base de sa carte du monde.

Au contraire, un mauvais communicateur est une personne qui continue son chemin en mettant des œillères et en faisant semblant que les autres s'adaptent à lui sans comprendre pourquoi.

Maintenant que je veux que vous réfléchissiez à cette métaphore...

Les dinosaures ont disparu parce qu'ils n'ont pas pu s'adapter, c'est pourquoi ceux qui parviennent à s'adapter aux autres et aux situations de la vie (sans se plier) auront toujours un avantage concurrentiel sur les autres.

COMPRENDRE LA CARTE DU MONDE DES AUTRES

Pour communiquer avec les gens, il est essentiel de comprendre sa carte du monde.

La carte du monde des autres se compose essentiellement de 2 éléments:

1. Valeurs
2. Croyances

Les valeurs sont le carburant de motivation des personnes ou des éléments tels que l'honnêteté, la famille, l'amitié, la liberté, la justice, etc. qui sont des guides de nos actions.

Exemple.

Deux personnes qui ont des valeurs différentes auront deux comportements différents.

Une personne qui aura la valeur de la famille en premier dans sa vie aura tendance à toujours choisir cette dernière sur l'échelle des choix (travail, personnel, social, etc.).

Une personne qui, en premier lieu, a la valeur de la liberté (comprise comme la liberté à 360 degrés) dans les choix quotidiens ne pensera absolument pas à la famille ou à d'autres valeurs.

Mise en garde.

Cela ne signifie pas que l'un a raison et que l'autre a tort, ils ont simplement des valeurs différentes.

Et tant qu'il existe différentes valeurs de problèmes, il n'y en a pas.

Des problèmes de communication surviennent lorsque les valeurs sont CONFLIT, c'est-à-dire qui sont en conflit les unes avec les autres.

Dans ce cas, une personne n'accepte pas les valeurs de l'autre et c'est le début de toute discussion et l'origine de tout problème dans tout type de relation.

Vous allez maintenant dire "Oui mais je veux apprendre à conquérir les autres" ...

Bien sûr, mais si vous ne comprenez pas cette étape, tout ce que je vais vous dire sous peu n'en vaut pas la peine, il est donc très important que vous prêtiez une attention particulière aux valeurs.

Vous devez d'abord comprendre les valeurs des autres, puis mettre en œuvre les prochains mouvements.

Les croyances, également appelées «croyances», sous-tendent les valeurs.

Quand en fait il dit "je crois que la liberté est importante" ou "je crois que l'amitié est fondamentale" la personne en face de nous communique à la fois une croyance et une chaleur.

En fait, il "croit" que la liberté est importante mais en même temps il nous dit qu'il croit en la "liberté" en tant que valeur.
Maintenant, je simplifie beaucoup la question, mais gardez à l'esprit que cela fonctionne plus ou moins comme ça.

Maintenant, comment puis-je comprendre les valeurs et les croyances d'une personne, et pourquoi sont-elles si importantes?

Pour ce faire, je vous dis de penser à tomber amoureux ...

Pensez à quand deux mecs sont amoureux de la façon dont ils sont enveloppés dans ce nuage où il n'y a qu'eux et ils ne comprennent plus rien.

Ici, cette courte période de temps pendant laquelle deux personnes sont extrêmement amoureuses s'appelle **l'effet lune de miel.**

A ce moment là, il se passe une chose extraordinaire ...

L'inconscient de l'un s'adapte beaucoup aux valeurs et aux croyances de l'autre.

C'est précisément pour cette raison que, s'il déteste la danse latino-américaine et elle a toujours pratiqué ce genre de discipline, si elle lui demande de venir faire un test lorsque l'effet lune de miel se produit, il pourrait très bien accepter s'inscrire au cours!

Et c'est pourquoi lorsque cet effet disparaît, des problèmes surviennent.

En fait, il arrive très souvent qu'après un certain temps que le couple soit ensemble, les deux inconscients cessent de partager les mêmes valeurs et croyances et donc des querelles éclatent qui peuvent conduire à la séparation dans le couple.

La phrase "Oh mon Dieu, comment avez-vous changé!" c'est une conséquence claire de la fin de l'effet lune de miel.

Vous ne devriez pas être surpris si votre partenaire semble avoir changé après des années de relation parce que ...

Cela n'a tout simplement pas changé!

Il/elle a toujours été le même, c'est vous qui l'avez vu avec des yeux différents!

Pourquoi vous a-t-il donné cet exemple?

Parce que si vous vous inspirez de ce qui se passe dans un couple, vous pouvez reproduire l'effet lune de miel avec n'importe qui de manière complètement artificielle en faisant correspondre votre inconscient avec celui de la personne devant vous.

Je t'expliquerai mieux.

Dès que je connais quelqu'un et que cette personne commence à s'ouvrir à moi, il va commencer à fuir des demi-phrases comme, par exemple, "Eh bien, pour moi, la famille est très importante", "Pour moi, le succès et la carrière sont tout", etc.

À ce stade, en tant qu'auditeur, après avoir reconnu que vous m'avez confié une valeur, j'aurai plusieurs options:

1. **Partagez son opinion:** ex. "Bien sûr, vous avez raison, l'argent est tout." De cette façon, je vais créer une correspondance entre moi et cette personne.
2. **Répondez de manière neutre:** ex. «Eh bien, tout le monde dans la vie a son opinion. De cette façon, je continue à sympathiser avec cette personne en évitant d'entrer en conflit

3. **Ne partagez pas son opinion:** ex. "Je ne suis pas d'accord". Dans ce cas, je vais entrer en conflit avec cette personne et arrêter le match.

Vous comprendrez à partir de ces exemples que partager l'opinion des autres ou éviter le jugement sont certainement les meilleurs moyens de créer un lien entre vous et votre interlocuteur.

Bien sûr, ce n'est pas que tout le monde tombe amoureux de moi si je commence à partager les valeurs et les émotions des autres, mais c'est certainement l'une des meilleures façons de faire en sorte que les gens se sentent appréciés et compris.

Mise en garde.

Cela ne veut pas dire que vous devez partager tout ce que les gens vous disent.

Je vais vous donner un exemple.

Une fois que j'étais dans l'avion et que je lisais un livre, à un moment donné, un homme s'assoit à côté de moi et commence à me parler de diverses choses.

Après quelques minutes de conversation, je découvre que ce monsieur est médecin et une fois qu'il ouvre, il me dit que l'argent est tout pour lui et si un mourant va vers lui sans argent, il ne travaillera même pas.

À ce moment, il y avait un décalage entre mes valeurs et croyances et ses valeurs et croyances trop grandes pour partager ce qu'il a dit.

À ce stade, j'avais deux options: soit lui donner ou trouver une excuse et partir.

Ma stratégie était de me lever pour aller aux toilettes et de ne jamais revenir vers lui.

Soyez à l'affût de ceux qui vous disent que vous devez faire preuve d'empathie avec tout le monde, ils ne savent pas ce qu'ils disent!

Bien sûr, la création d'un réseau de relations empathiques est très utile dans la vie car si je dois demander à un ami ou à quelqu'un que je connais récemment (avec qui j'ai créé de l'empathie), cette personne sera plus prédisposée à m'aider.

LA TECHNIQUE N.1 POUR FAIRE OUVRIR LES GENS

Plus tôt, j'ai dit que "une fois que les gens s'ouvrent", ils vous communiquent leurs valeurs et leurs croyances.

"Ouais ok, mais comment les faire ouvrir?" vous pensez peut-être.

Il existe une technique appelée **mise en miroir** qui est basée sur ce qui se passe toujours naturellement entre deux personnes qui s'entendent.

Si vous regardez deux amants qui sont au bar (mais aussi deux amis) qui parlent de quelque chose qui les intéressent tous les deux, vous remarquerez une chose intéressante...

Si l'un est soutenu avec le coude d'un côté, l'autre est soutenu de l'autre côté d'un miroir...

Et si l'un recule et met les bras croisés, l'autre fera probablement de même!

Bref, c'est comme si une sorte de ballet non verbal était mis en scène entre ces deux personnes.

Cela se produit parce que l'inconscient, lorsqu'il s'intéresse à quelqu'un, sait qu'il doit envoyer le message "je suis semblable à vous" et il le fait par le biais du rapport sur les valeurs et les croyances (comme nous l'avons expliqué précédemment) ou par le langage corporel.

Compte tenu du langage corporel, l'inconscient nous fait assumer la position de l'autre de telle manière que dans le cerveau de l'autre certains signaux sont captés par les neurones miroirs qui à leur tour nous conduisent à nous imiter.

Ce phénomène se produit de manière totalement naturelle, sans que personne n'ait jamais suivi de cours ou découvert de techniques particulières.

Vous n'y croyez pas?

Essayez de le remarquer lorsque vous allez dans un club. Regardez les gens et leurs positions, vous serez surpris de voir comment les personnes ayant une bonne relation empathique se reflètent naturellement.

Question…

Que se passe-t-il si je rencontre quelqu'un pour la première fois (entretien d'embauche, premier rendez-vous, etc.) et que je reflète son langage corporel?

J'éprouve de l'empathie AUTOMATIQUEMENT.

Voici les étapes pour effectuer une bonne mise en miroir:

1. Présentez-vous à l'interlocuteur

2. Commencez à lui parler

3. Imitez ses positions: si par exemple il est assis avec sa jambe croisée, réfléchissez-le, s'il bouge vous bougez aussi. N'oubliez pas de toujours attendre quelques secondes avant de refléter le langage corporel de l'autre

4. Faites un test: après quelques minutes que vous avez imité son langage corporel, essayez de changer VOTRE position. Si celui qui est en face de vous vous reflète et change également de position, VOUS AVEZ FAIT BINGO

Je sais ce que tu penses...

« Quelle panne de boîtes! Chaque fois que je vois quelqu'un, dois-je m'asseoir et imiter son langage corporel? »

En réalité, le cerveau est une machine beaucoup plus parfaite que vous ne le pensez et savez-vous pourquoi?

Parce que lorsque vous répétez une action suffisamment de fois, votre cerveau les assimile et les transforme en actions banales et routinières.

Forcez-vous à faire cet exercice 5 minutes par jour pendant 21 jours et vous verrez que la mise en miroir fera partie de vous et vous commencerez à le faire même lorsque vous ne le remarquerez pas.

Miroir avec qui vous voulez, amis ou ennemis. C'est comme la voiture, au début, vous faites attention aux mouvements que vous faites, puis après une semaine de conduite, vous n'y pensez plus.

N'oubliez pas que la mise en miroir n'est JAMAIS UNIDIRECTIONNELLE.

Qu'est-ce que je veux dire par là?

Je veux dire que lorsque vous réfléchissez à une personne, non seulement il sympathise avec vous, mais vous sympathisez également avec lui et vous pouvez mieux comprendre qui est en face de vous et proposer ce qui est le mieux pour lui.

RÔLES UP ET DOWN

Par nature dans les groupes sociaux et dans la vie en général, les gens assument des rôles qui peuvent être Up, ou commander, et Down, ou soumission (compris comme "rôle subalterne").

Je vais vous donner quelques exemples...

Le rôle est celui de la personne qui dit "Allez, allons au cinéma ce soir!", C'est le rôle du décideur.

Le rôle décisif est celui de la personne du groupe qui dit "Mais oui les gars vont où vous voulez, je m'adapte".

Pourquoi je te dis ça?

Parce que les relations doivent TOUJOURS être complémentaires pour fonctionner.

Cela signifie que si deux personnes se rencontrent et jouent toutes les deux un véritable rôle, un vrai gâchis pourrait survenir car nous nous retrouverions face à des tentatives constantes de tergiverser.

Parce que si je joue un rôle en disant "Allez les gars ce soir, nous allons manger du chinois" et vous aussi, prenez le même rôle en disant « NON, nous allons dans une pizzeria ce soir, je n'en ai rien à foutre, la dernière fois que vous avez décidé, ce soir je décide!», Nous finirons inévitablement par nous battre.

Et qui va gagner?

Celui qui crie le plus gagnera.

Et évidemment, ce n'est pas une communication efficace ou une manifestation de charisme.

Et si en ce moment vous qui lisez ce livre sentez que vous êtes un joueur de rôle et que vous pensez que l'opinion des autres ne compte pas, faites attention!

Oui, car même si vous pensez que d'autres se soumettent à vos propositions parce que vous criez plus que quiconque, la personne devant vous se sentira humiliée et vous jurera. Et le jour où vous devez demander quelque chose à cette personne ou dépendre d'elle d'une manière ou d'une autre ... Vous avez terminé car il ne vous rencontrera pas!

Comprenez-vous maintenant combien il est important de développer un charisme positif?

En tant que consultant en entreprise, je contacte souvent certains PDG qui ont un peu de mauvais temps avec les employés.

Ils leur crient dessus, ils les baisent souvent et voient toujours le négatif chez les autres.

C'est parce que crier sur les gens est le rôle le plus simple de tous...

Parce qu'il est beaucoup plus difficile de créer écouter tout le monde et créer de l'empathie que de crier et d'accuser les gens.

Ici, c'est le genre de personnes qui, lorsqu'elles demandent alors une VRAIE collaboration à leurs subordonnés, ne trouvent jamais de soutien (car évidemment elles n'ont développé aucune empathie).

Alors, comment allez-vous créer un charisme positif et gérer parfaitement vos rôles de haut en bas?

Simple: <u>lorsque vous sentez qu'une personne monte dans votre groupe, vous descendez.</u>

Voici un exemple.

Au gars qui disait "Allez les gars, allons au restaurant chinois ce soir!" vous devriez répondre avec une phrase bas comme: "Mmm oui bon chinois! Tu as eu une très bonne idée! Mais écoutez, pourquoi n'irions-nous pas chez les Chinois demain? Je voulais de la pizza ce soir "

Cette réaction vous garantit qu'elle déplace totalement ceux qui veulent monter car vous court-circuitez leurs systèmes perceptuels.

D'une part, vous serez d'accord avec lui, d'autre part, vous détournerez sa décision de ce que vous voulez faire.

C'est du charisme!

De toute évidence, cette technique ne fonctionnera pas avec tout le monde. Il y aura toujours 10% de personnes très rigides qui restent coincées et veulent faire ce qu'elles veulent à tout prix.

Mais nous parlons de 10% des gens, pas des 90% restants, car croyez-le ou non, cette technique fonctionnera avec la plupart des gens...
C'EST DÉVASTANT!

Maintenant, vous pourriez me demander "Alors, dois-je toujours jouer un rôle vers le bas?"

Absolument pas!

Parce que si vous rencontrez un duvet et que vous descendez aussi, vous vous ennuierez à mort!

Imaginez cette situation dans laquelle vous et votre interlocuteur dans le groupe avez tous deux joué deux rôles plus bas ...

"Hé les gars, qu'est-ce qu'on fait ce soir?"

"Allez, vous décidez!"

"Non allez, vous décidez!"

"Non allez, vous décidez!"

Ici, dans ce cas, même un minimum d'empathie ne sera pas créé.
Pour créer une étincelle entre les gens, les rôles doivent toujours être opposés!

MÉTA-PROGRAMMES

Dans ce chapitre, je veux vous parler d'un sujet très important pour élever votre charisme: les **méta-programmes**.

Les méta-programmes sont des schémas de comportement inconscients que nous appliquons tous dans la vie de tous les jours.

Un exemple de méta-programme est lorsque le vert s'allume à un feu de circulation et que vous partez, lorsque quelqu'un tend la main et vous faites de même pour la secouer ou lorsque vous montez dans la voiture et mettez votre ceinture.

Nous nous intéressons peu à ces modèles automatiques de comportement, ce qui nous préoccupe, ce sont les actions inconscientes liées aux relations et à la communication avec les autres.

Parce que si nous pouvons comprendre ou anticiper le comportement de notre interlocuteur, nous pourrons développer plus rapidement de l'empathie et faire rayonner notre charisme.

AVANT-PROPOS: Les méta-programmes ne doivent pas être un moyen de pigeonner mais doivent être considérés comme une tendance. En fait, les méta-programmes sont généralement décrits comme des attributs polaires, ou A ou B, mais en réalité, au milieu d'eux, il existe une échelle graduée de comportements qui ne peuvent pas être classés en toute sécurité.

AVANT-PROPOS 2: Il n'y a pas de meilleur méta-programme que l'autre et les gens ne sont pas leur comportement. Les gens ne peuvent pas être étiquetés pour l'un de leurs comportements.

AVANT-PROPOS 3: Les méta-programmes varient selon les contextes. Exemple, dans ma vie privée je peux être d'une manière et dans la vie professionnelle je peux être d'une autre.

Ces prémisses sont importantes parce que lorsque vous étudiez des méta-programmes, vous faites généralement un gros gâchis et vous avez tendance à dogmatiser ce que vous lisez alors qu'en réalité les comportements inconscients sont beaucoup moins schématiques que vous ne le pensez.

PROCESSUS ET OBJECTIF

Imaginez deux petits amis qui n'ont jamais pris de vacances ensemble et qui vont camper dans les montagnes pour la première fois.
Ils arrivent au camping, plantent leur tente, passent toute la journée ensemble et s'endorment.

Le lendemain matin, il se réveille, sort de la tente et dit "Eh bien, allons au sommet de la montagne, allons-y!"

Elle le regarde avec étonnement et dit: "Non, mais attendez, nous devons d'abord faire le plein d'eau et de nourriture, planifier l'itinéraire, faire beaucoup de choses..."

Ici, l'approche de lui et d'elle est extrêmement différente...

La première approche se réfère au **méta-programme cible** dans lequel l'individu saute certains processus mentaux pour arriver au résultat (le sommet de la montagne) sans se poser trop de problèmes sur COMMENT réaliser ce qu'il veut réaliser.

La deuxième approche est le soi-disant **méta-programme de processus** dans lequel l'individu se concentre sur le processus qui doit conduire au but et non sur le but lui-même.

Lorsqu'il y a complémentarité dans les deux types de méta-programmes (les deux individus ne raisonnent pas trop), on peut aussi s'entendre et le problème n'existe pas.

Le problème se pose lorsque les deux types de comportements inconscients deviennent trop polarisés et extrêmes.

Ici, dans ce cas, les deux garçons se disputeront sans possibilité de réconcilier leurs pensées.

Une grande différence entre les deux approches peut être trouvée en demandant le chemin pour arriver à un point dans une ville.

À la question "Excusez-moi, pouvez-vous m'indiquer via Rome?"

Un individu de processus dirait "Ok, avancez 300 mètres, puis tournez à droite, passez sous un pont, puis tournez à gauche à la caserne des pompiers, etc."

Dans ce cas, la personne devant vous NE VOIT PAS via Roma mais reconstruit le chemin avec vous en vous donnant beaucoup de détails et en se concentrant sur le processus pour y arriver.

Au lieu de cela, une personne cible dirait «Allez-y et demandez».

C'est parce qu'il voit déjà via Rome et pour lui, il va de soi que vous arriverez également à l'intuition.

Alors, comment gérez-vous ces deux types de méta-programmes?

Si lorsqu'une personne s'ouvre et me parle, je comprends qu'elle pense sur la base d'un méta-programme de processus, la pire chose que je puisse faire est de ne pas lui donner de détails sur ce qu'elle doit faire ou de lui dire de couper court s'il m'explique quelque chose de manière très articulée.

Si vous êtes un cadre supérieur et vous allez voir un employé de processus lui dire "Ok, vous devez le faire, faites-le!", Vous allez sûrement confondre cette personne qui aura besoin de plus de détails sur le processus pour atteindre l'objectif.

C'est pourquoi vous n'aurez pas à vous plaindre si cet employé ne fera pas le travail pour vous!

Travailler dur avec un employé d'objectif est certainement beaucoup plus sage que de passer trop de temps sur les détails de l'opération.

Pour résumer...

Pour être perçu comme une personne charismatique et faire preuve d'empathie envers qui est en face de vous, vous devrez identifier à partir de ses mots s'il raisonne avec des méta-programmes objectifs ou de processus et sur la base de cela s'adapter à lui en lui donnant plus de détails sur les choses dont vous parlez ou allez directement au point.

Cette chose semble anodine mais je vous garantis qu'elle ne l'est pas!

En fait, cela vous fait comprendre pourquoi il y a des gens avec qui vous parlez et malgré vos efforts, ils ne peuvent pas vraiment comprendre ce que vous dites et, inversement, il y a des gens qui n'ont besoin que de quelques mots pour vous faire comprendre ce qu'ils disent.

La grande différence réside dans l'alignement ou non avec le méta-programme de ceux qui sont devant nous!

FILTRE DE RÉLATION: ACCORD OU DÉSACCORD

Portez une attention particulière à l'explication de ce méta-programme, car il va littéralement changer votre vie.

Je vous rappelle que nous devons toujours prendre en considération la fameuse échelle graduée dont j'ai parlé plus haut.

D'une part, nous trouvons l'accord, de l'autre le désaccord.

Le **méta-programme d'accord** fait référence aux personnes qui disent toujours oui à tout.

Voici la première chose qui vous ferait réfléchir est "Quelles belles personnes ceux qui disent toujours oui!" ... En réalité ce n'est pas tout à fait comme ça ...

Oui, parce que les gens qui disent toujours être d'accord avec vous ne sont pas nécessairement vrais.

Cela pourrait être une stratégie pour s'adapter à ce que vous pensez, puis passer à leurs côtés.

D'autre part, nous avons le **méta-programme de désaccord** qui est le modèle de communication des individus qui ont toujours tendance à manifester leur désaccord envers les opinions des autres.

La dissidence peut être de deux types:

1. Celui du **Bastian opposé**, ou celui qui est toujours en désaccord avec vous quoi qu'il arrive.

2. Celui de **la fourrure dans l'œuf**, ou ce type de personne qui, sans aller contre vous pour une fête prise, a toujours tendance à mettre en évidence ce qui ne va pas et qui pourrait être mieux.

Évidemment, entre les deux modèles, le plus frustrant est celui du côté opposé car il vous dit non comme un automatisme, tandis que la couche d'œuf vous donne au moins un sujet sur lequel vous pouvez travailler.

Maintenant, la question se pose légitime...
Comment gérer ces deux modèles?

Eh bien, commençons du côté opposé.

Lorsque vous vous retrouvez devant un individu qui pense comme un Bastian, vous devez prendre en compte que le fait de toujours dire "NON" n'est qu'un automatisme.

Ces types de personnes se disent également «polaires» car, en principe, elles doivent être du côté opposé à ce que vous dites.

Pour mieux gérer les interactions avec le bastian adverse, vous devrez d'abord faire une sorte de "ping-pong" entre ce que vous voulez obtenir et ce qu'ils vous disent, alors vous devrez ...

DONNEZ-LUI RAISON!

Oui, parce que donner raison à un Bastian opposé le forcera à adopter le comportement opposé à votre "lui donner raison" en faisant exactement ce que vous voulez.

Exemple.

Je me souviens qu'un jour, je devais aller boire un verre avec un de mes amis dans un bar.

Le bar était très agréable, moderne et dans le centre de Milan mais évidemment pour y arriver il fallait lutter dans la circulation et espérer trouver une place de parking proche.

Après une demi-heure de tours sans fin dans le quartier, je trouve enfin une place et un parking.

Je rencontre mon ami dans la cathédrale et, en allant vers le restaurant, je dis "Allez, allons-y".

Et elle répond "Non, je veux aller dans cet autre bar".

"Cet autre bar" était situé de l'autre côté de Milan, ce qui signifiait que je devrais retirer la voiture et supporter la circulation urbaine.

Pour lequel je répète "Allez, allons dans ce bar, tu y es déjà allé, je sais que tu aimes ça, allons-y".

Et elle, sans explication, me dit "Non, je veux aller vers l'autre".

En gros, nous sommes restés 5/6 minutes pour débattre de cette chose mettant en scène une sorte de "pingpong" parmi nos raisons.

Au final, épuisé, je dis "Okay, faisons comme tu veux".

Et à ce moment-là, elle dit "Non allez, allons dans ton bar". Ceci est un exemple très clair de la façon dont un Bastian adverse aura toujours tendance à vous faire du tort, MÊME lorsque vous êtes d'accord avec lui.

Je sais que maintenant vous aurez tendance à dire "Oh oui, comment est-il possible que ça fonctionne toujours comme ça?"

Eh bien, réfléchissez-y et pensez au nombre de fois où vous êtes tombé dans ce piège de l'esprit ou avez dû faire face à des gens de ce genre dans votre vie.

L'inverse est certainement très frustrant à gérer si vous ne savez pas comment le gérer, mais au moment où vous apprenez à le faire, c'est très simple.

Pingpong et donnez-lui la raison!

L'ERREUR qui ne devrait pas être faite est de lui donner dès le départ parce que si vous lui donnez dès le départ, il sera heureux et fera ce qu'il veut.

Vous devez jouer au ping-pong pour activer l'automatisme pour prouver que vous avez raison et avoir confiance que 90% des Bastians adverses feront ce que vous voulez.

Comment gérer un modèle de fourrure d'oeuf à la place?

Avec un tel type de personne (également appelé Différence), vous ne pouvez vous entendre qu'en convenant du désaccord.

Je vais vous donner un exemple.

Vous parlez de téléphones avec un de vos amis et vous dites "Eh bien, l'iPhone est vraiment sympa" mais il répond "Oui mais en fait l'iPhone a un peu de criticité comme x y z".

À ce stade, vous devez répondre "Oui, vous avez raison, au point x, il a des points critiques, mais il présente de nombreux autres avantages".

Vous pouvez donc le manipuler très bien car il est époustouflé.

Comme toujours, vous vous adaptez à lui et l'emmenez où bon vous semble.

Parce que si vous faites le contraire, un gouffre de désaccord s'ouvrira qui ne sera jamais rempli.

"LOIN DE" ET "SE DIRIGER VERS"

Si nous devions étendre les expressions «Loin de» et «Aller vers», nous devions écrire «Loin de la souffrance» et «Aller vers les opportunités».

Je vais mieux expliquer ce méta-programme ...

Il y a pratiquement des gens qui se motivent par la négative. Un exemple frappant de cela est ces personnes qui, avant de changer de téléphone, attendent jusqu'à la dernière minute que cela ne fonctionne plus.

Cette façon de penser est appelée «Loin de la souffrance» car la motivation pour le changement apparaît lorsque le négatif est déjà entré dans sa vie.

Les "Going to" sont à la place ceux qui vont vers les nouvelles possibilités, donc, pour revenir à l'exemple ci-dessus, il y a ceux qui ont un téléphone portable qui fonctionne parfaitement pendant six mois, mais quand le nouveau modèle sort, ils vont au magasin pour l'acheter (même quand ils ne peuvent pas se le permettre).

Comprendre les motivations qui poussent les gens à effectuer certaines actions est FONDAMENTAL parce que si je voulais motiver un "Way to" pour aller à une fête, la seule façon dont je dois le faire est **AMPLIFIER LE NÉGATIF**.

Si à ma demande de sortir pour aller à une fête il dit "Non, je ne veux pas", dans ce cas je devrais lui répondre "Allez, si tu restes à la maison tu déprimes, il n'y a rien à la télévision, tu restes juste comme un chien, etc. "

Et puis ajoutez "Allez, venez avec nous et amusez-vous!" Il y a de la musique ce soir et de la danse! "

Voici ce qui s'est passé:

1. J'ai amplifié le négatif
2. Je l'ai guidé vers le positif
N'oubliez pas de ne jamais inverser ces deux points car si j'amplifie le positif, rien ne se passerait face à un "loin de".

Au contraire, si mon interlocuteur est un "Aller vers" je devrai aller amplifier les aspects positifs de la soirée pour le pousser à venir avec moi.

CONCLUSION

Eh bien, nous avons pris fin.

Si vous m'avez suivi jusqu'à présent, vous aurez compris comment augmenter notre impact et notre influence sur les autres est une chose très importante.

Augmenter notre charisme est vital dans les affaires et dans les affaires et nous donne également un énorme avantage concurrentiel dans tous les domaines de notre vie.

Notre Quotient de Charisme est directement lié à notre succès et il existe de nombreuses applications en milieu de travail.

Pensez au manager qui veut inspirer ses collaborateurs à donner le meilleur d'eux-mêmes, au vendeur qui veut conclure plus de contrats ou au monde des négociations professionnelles et privées ...

En bref, l'un des aspects les plus importants pour réussir dans la vie est représenté par la confiance que nous avons en nous-mêmes et à quel point nous nous sentons à l'aise avec les gens qui nous entourent!

Les gens se souviendront rarement des mots que nous utilisons, mais ils se souviendront certainement très bien de ce que nous leur avons fait ressentir et surtout de l'impact que nous leur avons laissé.

Imaginez ce que serait votre monde si vous parliez toujours avec charisme et laissiez votre marque à toutes les personnes que vous rencontrez sur votre chemin!

Peut-être que votre charisme aura un effet positif sur votre employeur ou votre partenaire, qui sait?

Ce qui est certain, c'est qu'en appliquant quotidiennement ce que vous avez appris dans ces pages, vous pourrez enfin changer votre vie en termes de réussite personnelle et professionnelle!

N'oubliez pas que ce n'est pas une encyclopédie de tout ce que vous pouvez apprendre sur le leadership et le charisme, vous aurez sûrement acquis des connaissances qui vous seront très utiles et je veux que vous les utilisiez pour votre succès mais n'hésitez pas à approfondir les sujets abordés au mieux croyez.

Cela dit, je vous envoie un câlin et vous dis au revoir!

À la prochaine!

Printed in Great Britain
by Amazon

46750586R00069